BANQUET

DES

TRAVAILLEURS

SOCIALISTES

PRÉSIDENT :

AUGUSTE BLANQUI

DÉTENU A VINCENNES.

COMPTE-RENDU

PRIX : **15** CENTIMES.

A PARIS,

CHEZ PAGE, ÉDITEUR,
Rue de la Jussienne, 8,
Et au siége de la commission, rue Montorgueil, 36.

1849

COMPTE-RENDU.

Toutes les mauvaises passions qui se mettent ordinairement à la remorque d'une idée, chantent en ce moment sur les tons les plus faux et les plus discordants l'*Hosanna* du socialisme ; une fièvre ardente s'empare de la foule des ambitieux déçus...

C'est que nous sommes au moment suprême de l'élection du *Roi* (lisez *Président*) de la République.. ; c'est que le nombre des adhérents au socialisme va toujours croissant, et qu'on peut brasser des candidatures et battre monnaie sur l'idée populaire, lorsqu'on est publiciste ; c'est que le socialisme semble à ces parasites des idées, un terrain bon à exploiter en ce moment ; c'est qu'il paraît enfin à ces chevaliers de l'intrigue politique que, de même qu'aux premiers jours de la République, il y aura bien des heures de curée et d'exaltation pour eux au jour du triomphe du principe social.

Voilà pourquoi, étendards au vent (car les étendards ne manquent pas dans l'arsenal de ces messieurs)... ils suivent le Peuple et son idée sur laquelle ils criaient *haro !* naguère, quand elle se présentait sous un nom conspué de tous ; voilà pourquoi ils marchent, tambour battant, côte à côte avec lui, *ce bon Peuple ;* voilà enfin pourquoi ils paraissent marcher à la conquête de l'idée *sociale ,* lorsqu'en réalité, ils ne tendent qu'à conquérir une position *sociale !*

« Nous sommes, nous crient-ils, les premiers de vos

amis ! » Aussi, veulent-ils à toute force nous ranger sous la bannière de leur *grand lama* Ledru-Rollin, un *célèbre socialiste*, dont ils veulent nous faire connaître dans leur entier les sublimes théories du *rappel*, et dont nous commençons à apprécier les ressources infinies de l'esprit pour *centraliser* et *répartir*, depuis que nous supputons le nombre des soldats qu'il a sû tirer des provinces, pour terrasser, le 23 juin, l'hydre de l'anarchie !

Ne connaissant pas même le premier mot des questions sociales, qu'ils ont confidentiellement promis d'étudier (c'est quelque chose), ces gens viennent cependant de fonder un journal intitulé : *La Révolution démocratique et sociale*! Quel espoir cela nous donne. Nous voyons déjà, dans peu de temps, Thiers, Dupin et consorts se déclarer socialistes. Ceci n'est qu'une question de degrés et de candidats.

C'était avant hier, *la Révolution démocratique et sociale* et son candidat Ledru-Rollin. Hier, c'était l'*Atelier* (Journal des ouvriers honnêtes), et son candidat Cavaignac. N'en doutons pas, pour peu que l'avenir nous sourie, demain, la *Presse* et le *Constitutionnel*, et après-demain les *Débats*, sans changer de programme, s'intituleront *socialistes*.

En face de ces amateurs de la forme, il faut incessamment poser l'idée, le véritable principe démocratique. Il faut planter notre drapeau hardiment.

C'est ce que quelques ouvriers ont déjà essayé de faire. C'est ce qu'ont fait enfin, à leur façon, les citoyens Legré, Salières, Gibot, Page, Morel, Castagné, Bouvier, etc., organisés en commission de Banquet, sous le nom de *Travailleurs socialistes*.

Ainsi constitués, ils ont appelé d'une voix unanime le citoyen Auguste Blanqui, détenu au donjon de Vincennes, comme président de droit à leur réunion fraternelle ; à cet effet, ils ont délégué un des leurs auprès du prisonnier pour lui faire part des sentiments des membres de la commission à son égard, et pour lui prouver que, malgré les calomnies dont on avait essayé de ternir sa vie, toute de luttes et de souffrances pourtant, quelques prolétaires avaient sû apprécier tous ses actes passés, et avaient senti tout ce qu'il y avait en lui de nobles aspirations.

Le citoyen Blanqui a répondu à cet appel avec effusion et a même envoyé à la commission un toast qu'on verra plus loin. — En l'absence du président de droit, la commission du Banquet a nommé président de fait le citoyen Auguste Salières.

Il a été décidé ensuite que le Banquet aurait lieu le dimanche, que le prix en serait fixé à 75 c., et que les femmes y seraient admises.

Ainsi organisé, le Banquet des *Travailleurs socialistes* a eu lieu le dimanche 3 décembre 1848, à midi précis, à l'association des cuisiniers, barrière du Maine, 36. Onze cents invités et trois ou quatre cents curieux, en tout 1,500 personnes environ, parmi lesquelles 4 ou 500 femmes, y assistaient. On lisait sur la tribune, le nom du président du Banquet, *le citoyen A. Blanqui*, détenu au donjon de Vincennes, en face le nom du candidat des républicains socialistes, F.-V. Raspail. De loin en loin, sur des pancartes, on lisait aussi les noms des proscrits de la réaction les plus aimés du peuple : Louis-Blanc, Barbès, Albert.

Le citoyen Salières, a ouvert la séance par ces quelques mots :

Citoyens,

La commission du banquet des Travailleurs socialistes a choisi pour président le citoyen Auguste Blanqui, détenu au donjon de Vincennes (Applaudissements).

Cette commission, composée d'ouvriers, appelant à ce banquet fraternel des ouvriers, a cru pouvoir, en leur nom, donner ce témoignage de gratitude à ce combattant infatigable de la démocratie, à cette victime incessante de la plus noble des causes, dont le pur dévouement a été payé par la persécution et la calomnie !...

Citoyens, vous savez combien le socialisme est débordé en ce moment; ceux-là mêmes qui, si le socialisme pouvait se personnaliser dans un seul homme, tenteraient de rayer cet homme du livre de la vie, ceux-là mêmes se proclament socialistes. Ils s'en disent les adhérents et ils en repoussent les vrais principes. Ceci présente un très-grand danger pour nous. L'histoire des idées qui ont relié l'humanité à toutes les époques est là pour nous dire que ce sont ces mêmes amateurs de la forme qui souvent ont étouffé l'idée, ou du moins lui ont donné les proportions les plus mesquines. Aussi nous, prolétaires ; nous pour qui le mot *socialisme* est synonyme de celui d'*affranchissement*, nous venons essayer ici de poser l'idée véritable, le principe du socialisme... Nous le ferons à notre façon, avec notre cœur. Nous avons l'espoir qu'on nous tiendra compte de nos efforts (Oui ! oui !).

Après ces paroles, le citoyen Salières donne lecture du toast du prisonnier :

> *A la Montagne de 93 ! Aux Socialistes purs, ses véritables héritiers !*

Citoyens, la Montagne a eu des inspirations sublimes, filles de l'Evangile et de la Philosophie ; mais elle n'a jamais connu ces théories positives, qui ne surgissent que lentement d'une sévère analyse du corps social, comme l'art de guérir naît des révélations de l'anatomie.

Toutefois, si la science organisatrice lui a fait défaut, l'élan du cœur a suffi pour lui dicter l'immortelle formule de l'avenir : *Liberté, Egalité, Fraternité !* et cet admirable symbole, *la déclaration des droits*, qui largement interprété contient en germe tous les développements de la Société future. Malheureusement, c'est la destinée des œuvres de génie qui ont remué le monde, de périr asphyxiées dans les nuages d'encens où les noient leurs superstitieux adorateurs ; l'esprit vivifiant du maître meurt étouffé par l'étroite observance du texte. La loi de Moïse a succombé aux embrassements désespérés des Pharisiens ; le Coran va s'éteindre pétrifié dans l'immobilisme de ses sectateurs imbéciles ; et l'Evangile lui-même serait presque scellé dans la tombe par les mains idolâtres de ses disciples, devenus ses fossoyeurs, si sa pensée immortelle, s'échappant de la dépouille glacée autour de laquelle ils demeurent accroupis, n'avait reparu plus éclatante sous l'incarnation nouvelle qui doit la perpétuer dans l'humanité.

La déclaration des droits, formule née d'hier , subit

déjà le sort des vieux dogmes, qui, dans leur période de décrépitude, se changent presque toujours en intruments de réaction contre l'œuvre rédemptrice des révélateurs. Le culte judaïque de la lettre a tué l'esprit révolutionnaire du symbole.

La vie militante de la Montagne a été courte, et s'est terminée comme celle du Christ sur le Golgotha. Mais ses actes sont un éclatant commentaire de ses paroles et donnent le sens véritable des enseignements qu'elle a répandus sur le monde.

A l'instar de Jésus, le consolateur des pauvres, l'ennemi des puissants, elle a aimé ceux qui souffrent et haï ceux qui font souffrir. Le trait saillant de son existence, c'est son alliance intime avec les prolétaires parisiens, non point qu'elle n'eût d'entrailles que pour les douleurs d'une seule ville, mais parmi tant de populations également courbées par la souffrnce, elle trouva sous sa main pour la lutte ce groupe énergique, passionné par la conscience de ses misères, et elle en fit l'armée libératrice du genre humain.

Depuis le 10 août, chûte de la monarchie, jusqu'au 4 prairial, dernière convulsion des faubourgs, le Peuple et la Montagne marchent comme un seul homme au travers de la Révolution, inséparables dans la victoire et dans la défaite. Voilà certes un magnifique rôle à reprendre ! et d'autant plus facile, que la lutte de 93 vient de recommencer en 1848, sur le même champ de bataille, entre les mêmes combattants, et, chose étrange ! presque avec les mêmes péripéties de chaque jour.

Que voyons nous ? Comme en 93, le privilége aux prises avec l'Egalité, et pour champions du combat, une majorité législative rétrograde se heurtant contre les masses de la démocratie parisienne.

Allons-nous retrouver aussi la Montagne, et sa fidèle confraternité d'armes avec le peuple.

Voici reparaitre en effet ce grand nom ! tous les soldats de la jeune phalange le portent avec orgueil, et jurent de fouler en braves les traces glorieuses de leurs devanciers.

Silence ! la barrière s'ouvre et l'action s'engage :

Qu'entends-je ! sous prétexte de Fraternité, M. Ledru-

Rollin, le chef du nouveau Mont-Sacré, demande impérieusement, contre le vœu populaire, la rentrée des troupes dans la capitale? Est-ce là par hasard la tradition de
la Montagne? J'ouvre l'histoire, et je lis que la Gironde,
palpitante de colère et d'effroi sous la pression des faubourgs,
ayant demandé la formation d'un camp de vingt mille
hommes aux portes de la ville, pour couvrir la représentation nationale, la Montagne se soulève tout entière contre ce projet liberticide, agite la multitude, menace la
majorité, et emporte enfin de haute lutte cette question de
vie ou de mort. Paris demeure libre.

Nous avons été moins heureux, nous! Et pourtant, éloigner les soldats de cette sanglante arène de la guerre civile
où ils n'avaient à récolter que la haine ou la mort, c'était
bien, je crois, les traiter en frères! Les Montagnards ont
préféré la fraternisation dans les rues. Qu'elle leur soit
legère!

Qu'est-ce ceci, maintenant? Le peuple se rend en colonnes
du Champ-de-Mars à l'Hôtel-de-Ville, et M. Ledru-Rollin,
le chef de la Montagne, le fait passer au laminoir entre
deux masses de baïonnettes; puis il lance sur les *anarchistes* la contre-révolution écumante! Je n'avais jamais
vu cette manœuvre dans les campagnes de Marat ni de
Danton. Est-ce que le héros du rappel aurait mal lu ce
jour-là sa théorie montagnarde?

Mais voici bien une autre aventure! Qui monte à cheval là-bas en tête de la garde nationale? C'est M. Ledru-
Rollin, le chef de la Montagne, qui conduit à l'Hôtel-de-
Ville la réaction victorieuse, et au Donjon de Vincennes les
patriotes prisonniers!

A merveille? Et n'est-ce pas aussi M. Ledru-Rollin qui
présente, la Montagne qui vote cette loi draconienne contre
les attroupements? sans doute!

Ah! grand Dieu! Ces Montagnards ne seraient-ils que
des Girondins? Cependant, je lis bien sur leurs chapeaux le
nom de Robespierre.

Patience! pour la fidélité du parallèle, aucune scène
d'autrefois ne va manquer au drame d'aujourd'hui; comme
jadis, entre une majorité réactionnaire et les travailleurs
parisiens, le flot montant des hostilités devait conduire fata-

lement à un 31 mai... Il éclate ! non pas le 15 mai... ; journée grotesque !... mais le 23 juin.

Ce jour-là, elle était debout la grande armée de la Montagne ; et qu'a-t-on vu ? Nos singes montagnards, jetant par dessus les moulins carmagnole et bonnet rouge, susciter des quatre points cardinaux tous les trésors de la colère fédéraliste, et précipiter sur Paris, comme une avalanche, les masses contre-révolutionnaires de la Province !

L'affront du 31 mai était vengé, la Babylone rebelle chatiée ! et par qui ? par la Montagne !

Malheur aux vaincus ! Ceux de juin ont vidé le calice jusqu'à la lie. C'est à qui leur trouvera des crimes. Victorieux, on leur eût demandé la place d'honneur sous leur drapeau ! Ils sont morts ! toutes les bouches leur crachent l'anathème. La réaction en fait des échappés du bagne, la Montagne des stipendiés du monarchisme.

A quoi bon ce dernier outrage ! dans quel but cette fable de l'or russe et ce voyage ridicule à la découverte d'embaucheurs dynastiques ? comme si la royauté pouvait aujourd'hui remuer un seul pavé ! Pourquoi cette misérable tactique qui fait rire de pitié amis et ennemis ? Sans doute pour rejetter toute solidarité avec les vaincus. Eh mais ! chacun sait bien qu'il n'y a rien de commun entre eux et vous ; votre artillerie a suffisamment prouvé votre innocence. Peut-être aussi, à d'autres yeux, faut-il la justifier un peu, votre artillerie ; et voilà comment vous allez cherchant des meneurs imaginaires, aux dépens de l'honneur des morts !

Quoi ! ce peuple parisien, le précurseur de l'avenir, le pionnier de l'humanité, ce peuple prophète et martyr, ne serait plus qu'un troupeau de brutes que Pitt et Cobourg, une poignée de sel dans la main, conduisent à l'abattoir ! et tout cela, parce qu'il a plu à M. Ledru-Rollin de faire une harangue à coups de canon ! Mitraillez, messieurs, ne calomniez pas ! le 26 juin est une de ces journées néfastes que la Révolution revendique en pleurant, comme une mère réclame le cadavre de son fils !

Vous tous, grands inconnus, que dévore par milliers la fosse commune ; pauvres Lazares tombés sous les balles dans la grande chasse aux guenilles, vous n'étiez que des mannequins ou des mercenaires du royalisme ! Vous aussi, monuments de la justice et de la clémence de nos maîtres, infortunées victimes des pontons ! Colfavru, Thuillier, écrivains frappés par derrière, nobles martyrs de la presse, pour qui la presse n'a pas eu une parole de protection ni d'adieu ! Et vous, mes vieux compagnons du Mont-Saint-Michel, Jarasse, Herbulet, Pétremann, vaillants soldats de Mai et de Février, trois fois coupables du crime de lèse-giberne, sachez tous là-bas dans votre fosse aux lions, que la razzia kabile vous a balayés comme ennemis de la République !

Et les sauveurs de la République, les Brutus, les Scevola, ce sont les généraux et les aides-de-camp de Louis-Philippe, les marquis du Faubourg Saint-Germain, les saintes milices des congrégations ; puis aussi les glorieux décorés de Juin, tous furibonds royalistes de la veille, les princes et les ducs, intrépides conducteurs des gardes-nationales rurales ; ce sont enfin... les chouans, qui se levaient en masse, à la voix des prêtres, pour courir à Paris... Quoi !... prendre leur revanche de 93, venger leurs vieilles injures sur la ville impie?... eh non !... défendre la République contre ces brigands de Parisiens royalistes !

O vieilles formules ! feux follets, qui faites tomber les montagnes dans les marais ! voilà de vos coups ! vous avez changé nos sénateurs en vicaires et en marabouts marmotant un chapelet qu'ils ne comprennent plus. Ce n'est pourtant pas votre faute ! Vous êtes toujours claires, mais les Montagnards ont les sens bien affaiblis.

Le monde a marché depuis 50 ans, et ils sont demeurés immobiles. La science a forgé pour le peuple des armes plus sûres, frayé devant ses pas une route plus large et plus directe ; mais ils s'obstinent à battre les sentiers d'autrefois sous une vieille panoplie rouillée, et ils crient au sacrilége sur toute nouveauté inconnue de nos pères. Ces Epiménide se sont endormis pendant une séance de la Convention, et en se réveillant, ils ont pris place par mégarde sur les bancs de la droite. Puis, les voici qui jouent devant le public l'année 1793, avec paroles, costumes, et décors, tout enfin, excepté le sens de la pièce, comme ces Elleviou et ces Malibran de Quimper-Corentin qui s'imaginent trouver dans un vestiaire bien garni le gosier de leurs chefs d'emploi.

Le premier acte a ouvert par le décret des gilets à la

Robespierre ; la représentation continue, et on ne nous fera grâce ni d'un couplet ni d'une réplique. La moindre coupure renverrait son criminel auteur devant le tribunal révolutionnaire.

Nos Epiménide ne reconnaissent d'autres vivants que les morts de 93, et, bon gré mal gré, ils affublent tout le monde d'un rôle dans leur comédie. En ce moment, c'est le second club des Cordeliers qui est en scène. Un député (infiniment plus neuf autrefois dans la salle Taitbout qu'aujourd'hui dans la rue Taitbout), ayant flairé le premier et dénoncé une conspiration hébertiste, les Montagnards ont aussitôt pris la piste.

Ils jurent que, pour rompre les chiens, les coupables ont changé de nom, qu'Hébert se fait appeler Proudhon et Chaumette Raspail. Ils cherchent partout Ronsin, Momoro, Vincent, Anacharsis Clootz, l'évêque Gobel, déguisés. Gare au curé de Saint-Eustache qui est socialiste. S'il tombe entre leurs mains, je l'engage, pour se tirer d'affaire, à protester qu'il n'est point l'abbé Gobel, mais l'abbé Grégoire, moyennant quoi on l'étouffera d'excuses et de caresses.

Les Jacobins ont prié M. Buchez d'éclairer leurs perquisitions avec sa lanterne de l'Histoire parlementaire. Jugez de leur surprise ! Il leur a, dit-on, répondu, tout colère : « Il n'y a pas besoin de chercher, c'est vous qui êtes des « hébertistes, car vous n'admirez pas la Saint-Barthélemy. »

Il paraît qu'au brusque réveil du 24 Février, tous les dormeurs ont fait un échange confus de leurs têtes, si bien qu'au milieu de ce tohu-bohu de physionomies dépareillées, M. Buchez, désorienté, prend pour des Hébertistes des Girondins qui se croient eux-mêmes des Montagnards.

On a couru alors aux renseignements chez Pierre Leroux, l'auteur de la *Renaissance dans l'humanité*. Mais le bon patriarche a dit aux questionneurs, de sa voix douce, qu'ils battaient la campagne, que sans nul doute les individus renaissaient indéfiniment de génération en génération, mais perfectionnés et meilleurs, que par conséquent il n'y avait plus, il ne pouvait plus y avoir ni Girondins, ni Montagnards, ni Hébertistes.

La réponse n'a pas convaincu, et les recherches se poursuivirent activement. On a déjà la preuve que *le Peuple*, journal d'Hébert-Proudhon n'est autre que l'ancien *Père Duchêne* déguisant son style.

Ces bouffonneries seraient fort drôles, si elles n'avaient trouvé moyen de devenir tragiques. Par malheur, dans ce drame-parade, chaque scène de fou rire engendre aussitôt une scène de larmes et de sang. Les acteurs sont un peu interdits eux-mêmes du dénouement imprévu de leur première représentation. Ils se figuraient de bonne foi la donner au profit, et point du tout aux dépens, des travailleurs; ils se consoleraient peut-être de la mésaventure par la réflexion qu'après tout ils jouaient une pièce à deux queues, dans le genre Ducis, l'une gaie, l'autre triste, et que tout le mal est venu d'une erreur de variante.

Mais cette foule d'incidents inattendus, de situations improvisées en dehors et au rebours du *libretto*, les démoralise sérieusement et leur prête à rêver sur l'inconstance du public. Le romantisme politique a décidément perverti les esprits. Hors d'état de résister au torrent et de maintenir dans son intégrité la tradition classique, les académiciens de la Montagne se résignent, bien qu'avec douleur, à faire quelque sacrifice à la folie du jour, et à rhabiller un peu dans le goût nouveau leur vieux répertoire.

Au frac usé de Robespierre, on a cousu des lambeaux taillés au hazard sur Proudhon, Leroux, Cabet ou Fourier, et de tout ce bariolage on a bâti un costume éclectique des plus pittoresques, en style vulgaire, un habit d'Arlequin, appendu maintenant comme enseigne à la porte du théâtre, et promené en pompe dans les rues, pour l'édification de la foule.

Sur la poitrine du mannequin brillent, étalées en trompe-l'œil, toutes les étiquettes socialistes, au grand dépit des légitimes propriétaires, les novateurs, qui voient leurs formules tourner en réclames pour l'hôtel des Invalides.

Ces frauduleux emprunts nous contraignent d'allonger notre devise en épithètes sans fin. N'est-il pas désastreux de s'appeler d'un nom plus interminable que celui d'un grand d'Espagne, et de mettre une demi-heure à proférer son cri de ralliement!

Nous sommes victimes du plus abominable guet-à-pens. C'est nous, socialistes, prétendus spoliateurs, que chacun dépouille à l'envi sans vergogne. On nous a pris jusqu'à

notre nom, bientôt on nous soufflera notre ombre. Au sur-
plus les Montagnards, ces cadets de la réaction, n'ont fait,
en nous pillant, que suivre l'exemple de leurs ainés. S'ils
nous escamotent aujourd'hui notre titre de socialiste, hier
les autres nous avaient arraché notre titre de Républicain.

Oui, ce beau nom de républicain, proscrit et bafoué jadis par la contre-révolution, elle nous l'a imprudemment
volé, pour parer son front de ce laurier de notre victoire!
Elle nous a volé, avec la même audace, notre sublime devise *Liberté, Égalité, Fraternité*, si longtemps outragée
par elle et couverte de boue, comme un symbole de sang et
de mort!

Heureusement elle a repoussé notre drapeau... C'est une
faute... Il nous reste...

Citoyens la Montagne est morte!

Au socialisme, son unique héritier (1)!

(Voir les notes à la fin.)

Ce discours, religieusement écouté, a excité, à diverses reprises, d'unanimes applaudissements dans
l'auditoire.

____

Toast du citoyen PAGE, ouvrier bijoutier :

A la Propriété!

Citoyens, je porte un toast à la Propriété! non à la propriété fruit du parasytisme; mais à la propriété morale
et vraie résultant du travail.

Citoyens! si dans notre pusillanimité, nous respectons
des droits *acquis*, nous reconnaissons un droit antérieur
préexistant avant toute chose dans la société : *C'est le droit
de vivre!*

Qui pourrait le nier?

Le droit de vivre implique le droit au travail, et le droit
au travail implique le droit à la propriété. En tolérant des
droits *acquis*, nous consacrons fatalement le droit de vivre
dans l'oisiveté.

L'oisiveté, cette lèpre sociale qui enfante tous nos maux,
est la négation de toute propriété.

Arrière oisifs! arrière sophistes gagés par les tyrans de
la terre; le tocsin de la vérité ne tardera pas à sonner votr

dernière heure, car les travailleurs ont enfin vu la lumière.

Le droit de propriété n'est pas, comme le disent certains philosophes modernes, l'*occupation*, l'occupation ne constate qu'un *fait*, mais n'en prouve pas la *moralité*. Arrière encore ignorants, arrière gens de mauvaise foi! Citoyens, le droit d'occupation, comme l'a dit Jean-Jacques, n'est pas le droit de propriété; celui qui mit une barrière pour ceindre un champ, et qui a dit à son semblable : Ne franchis point cette limite, car ce terrain est à moi. Citoyens, vous le pensez tous, cet homme était un *voleur*, et ce vol originel porte ses fruits infâmes jusqu'à la société actuelle.

Sans doute, heureux de la terre, cent fois respect à la propriété! mais à la propriété de cet homme qui passe sa vie dans les champs à sillonner la terre afin d'obtenir d'elle ses fruits les plus succulents et les plus purs.

Respect à la propriété et à son principe; mais à la propriété de celui qui passe ses jours et ses nuits dans les entrailles de la terre pour en extraire les métaux qui sont la source des richesses du monde. Respect, mille fois respect à la propriété de l'artisan qui s'empare de ses métaux et qui lui donne mille formes différentes pour enrichir vos palais et vos personnes.

Oh! oui, respect à la propriété! Et qui plus que ses créateurs a le droit de pousser ce cri!

Et c'est pour cela, Citoyens, que je porte un toast à la Propriété!

Toast du citoyen SALIÈRES, ouvrier typographe :

A l'ordre !...

A ce mot, tant de fois souillé depuis les journées de février par les agents de cette anarchie organisée, qu'on ose appeler encore *société*, nos cœurs sourient et se remplissent d'espoir, nos fronts se rassérènent, nos yeux s'éclairent et lancent dans l'avenir un regard qu'illumine la foi, et une véritable société, cette société harmonique objet constant de nos vœux et de nos rêves nous apparaît !

Là, il n'est plus d'esclaves, plus de serfs, plus de prolétaires; là, en un mot, il n'est plus d'hommes régnant en tyrans sur d'autres hommes ; plus de frères courbés sous des frères envahisseurs.

L'égalité ! ce dogme que murmura le christianisme par la bouche de notre illustre frère le prolétaire Jésus, ce grand et premier martyr de la cause démocratique et sociale ;

L'égalité ! qui fit vibrer les cœurs des hardis sectaires du moyen-âge et des héros du grand drame révolutionnaire ;

- L'égalité ! cette force vivante que nous sentons tous palpiter en nous, se manifeste d'une façon large, dans ce véritable ordre social.

Là, chaque homme, sans être arraché aux liens naturels de la famille, est néanmoins placé sous la sollicitude paternelle de la grande communion des associés. L'État, qui en est l'expression, épie ses premiers pas dans la vie, il le suit dans son développement, il le dirige dans la carrière où doit se manifester le mieux tout son être... Il devient artiste, savant, industriel, magistrat..., il concourt à sa façon à l'harmonie générale...

Là, la famille, la patrie, la propriété, ces trois conditions de la communion de l'homme avec ses semblables et avec l'Univers, ramenées à leur état normal, sont organisées en vue de l'extension la plus grande possible de la communion de tous les hommes entre eux.

L'esclavage, amené dans le monde par la violation de la nature humaine dans l'organisation de la famille, de la patrie et de la propriété, est disparue.

Loin de se resserrer, de se concentrer sur elle-même, de n'être organisée, en un mot, qu'en vue d'elle seule, la famille rayonne, s'épanouit, elle est organisée en vue du genre humain ; l'homme y est libre.—Il en est de même de la patrie et de la propriété ; n'étant plus tournées contre le droit de l'homme et contre son besoin, elles ont cessé d'engendrer le mal et le despotisme.

L'inégalité, ou plutôt la diversité nécessaire des manifestations, n'aboutit point là à l'inégalité sociale et au désordre. Si chacun naît avec des aptitudes diverses, c'est pour exécuter une partie différente dans le grand concert social.

Là, la devise sacrée de la Révolution française : Liberté,

Égalité, Fraternité, trouve son entière application dans les institutions démocratiques les plus larges.

Là, enfin, chacun est libre.

Tous sont égaux.

Tous se sentent frères les uns des autres.

Le bonheur commun !... tel est le mobile général !... Plus de luttes acharnées, de quelque nom qu'elles se dissimulent. Le capital, cet instrument de mort des barons financiers, est à jamais enseveli auprès de l'airain, cet autre instrument des barons féodaux ! La sympathie, l'amour... voilà les armes nouvelles. Les conquêtes de l'amour ne coûtent pas de larmes ! elles frappent les cœurs, non pour les refroidir à jamais, mais pour les enflammer, au contraire, pour les toucher, les fondre, les unifier !...

Et n'allez pas crier à l'utopie, ô gens du siècle, devant la représentation bornée que nous donnons ici de cet idéal sublime.

Ce majestueux soleil du progrès n'est pas près de rouler son disque radieux sur nos têtes, nous le savons. Mais nous avons foi en sa venue ; nous en avons pour garant la tradition, dont nous voyons se dérouler la marche ascensionnelle jusqu'à nos jours dans l'histoire. Cette tradition nous donne, par ses manifestations successives, des témoignages que la vie circule en s'agrandissant toujours, que la cité s'élargit de plus en plus pour faire place aux souffrants du monde.

A nos fils donc de jouir du bénéfice de cette cité nouvelle ; à nos neveux de voir se lever dans son entier la nouvelle civilisation qui méritera ce nom si harmonieux, et pourtant si profané de l'ordre. Quant à nous, citoyens, est-ce trop oser, que d'espérer en voir lever l'aurore ?... non, ce n'est pas trop oser, ce n'est pas trop espérer ; c'est là notre conviction, notre foi, et. .   .   .   .

.   .   .   .

.   .   .   .

.   .   .   .

L'ordre !.. ils osent prendre ce nom pour thème de leurs accusations contre nous, les indignes !.. Comme si l'on ignorait que dans leur bouche, ce mot ne signifie autre chose qu'*exclusion* et *privilége*, qu' *arbitraire organisé* !..

Et ils osent essayer de flétrir du nom d'anarchistes, de

fauteurs de désordre, ceux dont ils violent la personnalité, cette suprême propriété de l'homme ; ceux. . . . . . .
. . . .
. . . .

. . . .

Et qui donc aime mieux l'ordre que celui qui souffre le plus du désordre universel, que celui sur qui pèse en définitive toute la charge sociale ?

Qui donc invoquera l'ordre et demandera le retour de la justice, de la bonne foi, de l'harmonie parmi les hommes, si ce n'est celui dont tous les besoins sont méconnus, et sur lequel retombent toutes les ignominies du corps social ?

Qui donc mieux aime l'ordre que celui pour lequel il n'est ni justice ni droit, que celui qui travaille jusqu'à s'exténuer tout le long du jour et souvent de la nuit, quand les autres s'engraissent voluptueusement dans l'oisiveté, que celui qui meurt de faim quand les autres se réjouissent dans la surabondance ?

Qui donc aime l'ordre mieux que le producteur ? N'est-il pas incessamment victime, lui, du désordre universel ? N'est-il pas le déshérité, le paria ?...

Il bâtit de somptueux palais dont on ose à peine lui céder les mansardes ; que dis-je, souvent il n'a pas même un abri pour reposer sa tête.

Il peuple les ateliers, il remplit les chantiers, il creuse les canaux des eaux et les sillons de la terre ; et les produits qu'apportent des pays lointains les vaisseaux qu'il a construits, et la production qu'il lance à flot par les mille courants de l'industrie, et les fleurs et les fruits, et les riches moissons, et toutes les productions de la terre qu'il féconde de ses sueurs lui sont à peine accordés par les privilégiés.

A eux, les superbes et moelleux tissus ; au prolétaire, les haillons.

A eux aussi, les trésors de l'esprit, les arts et les sciences ; au prolétaire, l'ignorance et la privation.

A eux enfin, d'avoir les prémices de toute chose ; au prolétaire d'en avoir le rebut ! A lui partout, à lui toujours la lie et l'amertume de la vie, à eux d'en savourer le nectar ! Heureux, trop heureux encore le producteur, quand sa femme, quand ses enfants, ne lui sont point arrachés par les mandarins de l'ordre ancien, ces soi-disants défenseurs de la famille, de la propriété et de l'ordre ; heureux, si sa fille n'est point forcée de livrer sa chair à l'ogre luxurieux de la débauche !

Et l'on ose dire qu'il veut le désordre, le prolétaire ! et de ce qu'il ose réclamer, lui aussi, sa place au banquet de la vie sociale, au soleil de la civilisation, après tant de souffrances inouïes depuis des siècles ; et parcequ'il s'agite et qu'il trouble l'air de ses justes plaintes, de ses énergiques protestations contre un ordre de choses faux et inique qui livre en quelque sorte aux uns la vie et l'intelligence des autres, on va jusqu'à crier qu'il veut pousser la société dans la barbarie, qu'il veut porter partout la dévastation, le massacre et le pillage !

Ah ! s'il demandait tout cela, dans un moment d'insigne folie qui se tournerait contre lui-même, que pourrait-il vouloir de plus horrible et de plus hideux en même temps que ce qui se présente aux regards de tout homme de bien à notre époque :

Cet état de choses où règne en maîtresse souveraine la concurrence, dont la lutte des intérêts est en quelque sorte l'état normal ; où la personnalité du faible se trouve à chaque instant violée par le fort ; où les blessés et les morts passent sous les regards de l'indifférence générale aux cris de *laissez faire ! laissez passer !* n'est-il pas plutôt un champ de bataille qu'un ordre social ?

Cet état de choses où tout ce qui enorgueillit l'esprit humain en dévoilant tout ce qu'il y a de grand et de sublime en lui, où les découvertes et les inventions de ces agents mécaniques qui sont faits pour affranchir l'humanité en centuplant ses forces, et par lesquels l'homme arrache à la nature des produits que ses bras n'obtenaient d'elle jadis, qu'à grand peine ; cet état de choses où toutes ces excellentes conquêtes de la science semblent plutôt créées pour perpétuer la souffrance que pour entretenir la vie ; où tous ces efforts du génie humain deviennent de nouveaux motifs de douleur pour la classe laborieuse, n'est pas une société, mais quelque chose de monstrueux et d'anormal qui ne peut qu'aboutir aux crises les plus meurtrières, aux guerres sociales les plus désastreuses. . . . .
. . . .
. . . .

Mais à quoi bon présenter le tableau de cet antagonisme cruel, de cette guerre acharnée, de ce chaos social devant ceux qui en sont les perpétuelles victimes.

C'est vous que j'évoque, héros tombés en février sur les barricades; vous dont les sépultures à peine scélées servirent de trône à une poignée d'ambitieux; vous dont le glorieux héritage a été livré en pâture à tous les intrigants!

Martyrs de la cause démocratique et sociale, tombés en combattant ou lâchement assassinés naguère; vous tous qui avez si généreusement engagé le trésor de votre foi dans les hasards de la bataille, je vous évoque plus particulièrement encore!...

Et vous, frères de Milan, de Vienne, approchez... la démocratie est cosmopolite, venez prendre place au banquet des déshérités!...

Cohortes de la faim, veuves en pleurs, orphelins de la guerre sociale... venez tous.. vous seuls êtes capables de nous dire ce que c'est que l'ordre bourgeois!. A ce mot fratricide, des milliers de voix vous répondront du fond des cachots.

Mais détournons nos yeux de ce lugubre tableau. N'étions-nous pas venus ici, pour nous réchauffer au foyer commun de la sympathie humaine?.. n'y étions-nous pas venus pour oublier un instant le présent, en nous jetant par la pensée dans l'avenir?

Repétons donc plutôt notre toast d'avenir, pour déconcerter ces faux amis de l'harmonie et de la paix sociale qui nous accusent.

Que du sein de cette communion de parias, de barbares, de factieux, — un banquet de prolétaires ne saurait être autre chose à leurs yeux, — s'échappe ce toast qui appelle une ère nouvelle. Rendons-le plus significatif encore, par une distinction nécessaire. Nos ennemis veulent l'ordre dans le désordre. Hé bien, disons, nous : *A l'ordre dans la justice! A l'ordre dans le droit!*

Toast de la citoyenne Désirée GAY, déléguée de l'association des lingères :

A nos frères des campagnes !

A ceux sur qui repose la richesse de la France !

A nos frères ! qui alimentent les villes des mets les plus délicats et ne consomment que le rebut des belles récoltes qu'ils produisent.

A nos sœurs des campagnes ! qui partagent les rudes travaux des hommes, et ont en plus les fatigues de la maternité et des soins domestiques.

A nos sœurs qui, pour un mince salaire, allaitent les enfants abandonnés et ceux des ouvrières des villes. Comme ces dernières, elles n'ont aucune des joies de la civilisation ; elles n'en connaissent que les douleurs.

C'est vers les hameaux et les villages qu'il nous faut aller maintenant, — c'est là qu'il faut porter la lumière !

Formons une sainte croisade, non plus pour aller à la conquête d'un sépulcre sur des monceaux de cadavres ; mais, pour aller conquérir les cœurs de nos frères, pour aller éclairer leur esprit par l'amour, par la persuasion : la science sociale allégera leur lourd fardeau, et ils pourront enfin lever vers l'humanité leurs fronts jusqu'à présent courbés vers la terre qu'ils arrosent de leurs sueurs !

Que de nouveaux apôtres partent donc pour combattre l'ignorance, cette dernière trace du servage que nos modernes seigneurs ont intérêt à perpétuer. — Qu'ils partent, non point en avocats, non point en professeurs de barricades, mais en frères, en travailleurs. — Qu'ils vivent sobrement à l'exemple de ceux qu'ils vont convertir, afin de leur prouver ainsi que la plus grande joie des apôtres de l'avenir est la foi, l'espérance et la fraternité !

C'est à nous, travailleurs socialistes, qui nous attachons aux principes et non aux hommes, c'est à nous, dis-je, à organiser cette propagande. Si la France est divisée par les partis, si quelques ambitieux cherchent à attirer de nouveaux orages sur nous, pauvres prolétaires, qui payons les frais de toutes les guerres, disons-nous humblement : C'est notre faute à nous ! hommes de paix et d'intelligence ; nous ne nous aimons pas assez, nous n'avons pas assez de confiance en la puissance de notre cause, nous ne sommes pas constitués en apostolat, et c'est pourquoi nos ennemis nous ont aliéné le cœur de nos frères des campagnes.

Toast du citoyen **PARDIGON**, secrétaire du comité central des élections :

Aux minorités !

La vertu fut toujours en minorité sur la terre, disait Saint-Just, et permettez-moi, citoyens, de vous rappeler ici quelques-unes de ses paroles ; Hampden et Sidney étaient de la minorité, car ils expirèrent sur un échafaud ; les Critias, les Anitus, les César, les Clodius étaient de la majorité, mais Socrate était de la minorité, car il avala la ciguë ; Caton était de la minorité, car il déchira ses entrailles.

Les temps modernes ont ajouté bien des noms à ce martyrologe de la vertu ; Saint-Just lui-même, et Robespierre, et toute la crète de l'héroïque Montagne d'autrefois ont payé de leur tête l'honneur de cette inscription, car ils se trouvèrent de la minorité du droit contre la majorité du privilége.

Oui, citoyens, le progrès jusqu'à ce jour, depuis les temps les plus reculés, a marché par les voies sanglantes du sang de la minorité, car moi aussi je crois qu'il y a une république rouge, mais rouge de son propre sang !

Tous les sacrifices, toutes les douleurs, tous les tourments, toutes les peines du corps et de l'esprit, toutes les angoisses de l'âme ont été versées, par la destinée, à pleines mains sur la tête des initiateurs, pluie de fer et de feu qui n'a pas fait courber leur front.

Que ceci ne nous étonne pas, que ceci ne nous décourage pas surtout : le Christ ne s'est-il pas trouvé de la minorité avant d'avoir embrassé le monde dans sa doctrine fraternelle !

La reconnaissance des générations est bien tardive, et la haine, l'ignorance et la proscription bien tenaces à ronger leur proie ; des hommes, des martyrs, dont s'honorerait le Panthéon national, ont eu leurs dépouilles mortelles profanées, leurs mémoires traînées par des calomniateurs de gémonies en gémonies ; un jour, pourtant, on en recherchera en vain la cendre éparpillée aux quatre vents, mais qu'il leur suffise de vivre, purs et vénérés, dans le Panthéon de la pensée humaine.

Mais qu'avons-nous besoin de remonter·le cours de l'humanité pour recueillir des victimes? Regardons autour de nous, nous ne saurions encore les compter.

Il y en a dans l'exil et la proscription qui sont de la minorité!

Il y en a sur les pontons qui sont de la minorité!

Il y en a de tout récemment descendus dans la tombe qui sont de la minorité !

Victimes de juin, mânes de Robert Blum, vos frères qui vous survivent, vous envoient le baiser d'adieu !

Il y a plus, citoyens, il y a des peuples entiers, que dis-je? il y a des collections de peuples qui sont de la minorité, car il y a des tyrans dont la main est assez large pour serrer à la gorge cinq peuples à la foi ?

Mais patience, le progrès est éternel comme le droit, et le droit est saint comme Dieu !

Espérons, car tout ce qui n'a pas dans le droit sa raison d'être doit s'effacer de ce monde ; tout ce qui existe en principe doit se réaliser en fait.

Et ne croyez pas que les minorités ne soient que l'excédant, les majorités le nécessaire ; les minorités sont la pierre angulaire de l'édifice, l'axe de la machine, le pivot du monde, le centre autour duquel pivote l'humanité.

Quand les minorités succombent, l'ébranlement se propage jusqu'aux extrémités ; voyez au 9 thermidor, la Montagne décimée tombe, le globe entier s'émeut au bruit de sa chûte, et pour la première fois la révolution recule.

Hommes du passé, partisans des idées mortes, ennemis du progrès, vous qui traitez d'utopies les espérances que la minorité réchauffe dans son sein contre votre souffle glacial ; vous qui ne sentez, qui ne voyez qu'à travers la sécheresse de vos cœurs, les brouillards de vos intelligences, ne sauriez-vous donc sentir, ne sauriez vous donc comprendre que la minorité abattue en 93, se relève aujourd'hui plus puissante ; que les peuples qui baignent de leur sang leurs patries après les avoir fécondées de leurs sueurs, que les peuples revendiquent le droit, que les minorités revendiquent l'émancipation ; que le monde, en un mot, que l'humanité fait un pas dans le progrès relatif, un pas vers le droit absolu ?

A l'émancipation des minorités collectives, á la glorification des minorités individuelles !

Toast du citoyen LEGRÉ, ouvrier tailleur :

A la Famille !

A la Famille humaine, basée sur l'amour et non sur l'argent ! Citoyens, tant qu'il y aura intérêt personnel, il n'y aura pas de famille ; l'intérêt personnel empêche l'amitié : l'amitié c'est l'amour. Il n'y a pas d'amour dans la famille d'aujourd'hui, parce que le fils désire la mort du père, le père pouvant déshériter le fils en faveur d'un autre citoyen plus aimé que le fils. Il n'y a et il n'y aura jamais de véritable famille que lorsque la solidarité aura remplacé l'individualisme.

Je disais tout-à-l'heure qu'il n'y avait de famille nulle part dans notre organisation actuelle. En effet, Citoyens, existe-t-elle, la famille, pour cette mère qui est obligée d'envoyer ses enfants dès leur plus tendre enfance demander l'aumône, ou faire le métier de ramoneur, à la merci d'hommes sans entrailles, qui les exploitent indignement.

La famille existe-t-elle davantage chez ceux qui vivent dans l'abondance et l'oisiveté, et dont les cœurs endurcis par le vice nous donnent les déplorables spectacles des Lafarge et des Praslin ?

Et l'on nous dit que nous voulons détruire la famille ! Je vous le demande, Citoyens, est-il possible de détruire quelque chose qui n'existe point ?...

Oh ! je comprends comment et pourquoi ils aiment la famille, ces demi-dieux de boue et d'or qui nous oppriment ; c'est pour disposer à leur gré du privilége de la fortune, qu'ils ont gagné par l'intrigue et par l'exploitation...

Citoyens, il est inutile d'interroger vos consciences pour vous demander où sont les vrais amis de la famille, de nous ou de nos calomniateurs. Sont-ce ceux-là qui s'enrichissent tous les jours en vendant ces malheureuses femmes qu'un écrivain populaire a appelées les vierges folles ?... Oh ! assurément non. Sont-ce davantage ceux qu'on appelle marchands d'hommes ? cependant, ils sont bien vus et vivent bien, et ils sont même considérés comme les amis de la famille. Non, citoyens, ceux qui sont les amis de la famille, ce sont ceux qui, pressurés de tous côtés, conspués de la vieille société, cherchent dans le sein de la famille le baume rafraîchissant de l'amour, pour fermer leurs blessures ,... et non ceux qui en font une spéculation... Ce sont ceux enfin qui voudraient la voir, régénérée par la vertu, préluder à l'avénement de la grande famille humaine, en un mot, de la Communauté.

Citoyens, A LA FAMILLE !

Le citoyen Proudhon, que sa présence au banquet des écoles avait empêché d'assister plus tôt à celui des travailleurs socialistes, est entré dans la salle pendant le toast du citoyen Legré.

A ce moment, l'orateur a été interrompu. — Une triple salve d'applaudissements, à laquelle se mêlaient les cris répétés de : *Vive le socialisme!* ont prouvé au citoyen Proudhon combien les travailleurs savent venger leurs défenseurs des calomnies répandues sur leur compte.

Le citoyen Morel, ouvrier cordonnier, porte un toast aux *Victimes de la calomnie* qui a été fort goûté et que nous regrettons vivement de ne pouvoir reproduire.

Le citoyen Proudhon porte un toast au socialisme: — Ce toast a été accueilli par des bravos prolongés. Plusieurs fois l'assemblée entière s'est levée comme un seul homme pour appuyer les paroles de l'orateur.

Nous n'avons pu nous procurer cette pièce remarquable.

Toast du citoyen OSTYN, ouvrier en parapluies :

A nos frères d'Allemagne et d'Italie.

Citoyens, nous disions naguère avec raison que la France était le berceau de l'humanité, eh bien ! pourtant, voyez ce qui arrive en ce moment. Voyez l'Allemagne, dès sa première révolution, ébranler la royauté de par la loi et la royauté de par l'argent; voyez-là franchir d'un bond populaire et les préjugés de la caste nobiliaire et les priviléges du veau d'or, et proclamer l'égalité devant la loi et l'égalité devant les besoins. Comprenant que l'union des peuples peut seule la sauver, elle veut renverser toutes ses frontières et proclamer l'unité allemande : ce sera le commencement de la république universelle. Le règne de la fraternité s'avance !... Tremblez, tyrans de tout genre ! les peuples unis auront bientôt raison de vous. Ces nobles enfants du socialisme éprouvent leurs revers comme nous. L'ordre de l'état de siége est tout puissant chez eux aussi et en ce moment, des milliers de démocrates payent de leur sang le retour de l'ordre des Radetzki, des Windischgraetz, des Cavaignac et autres. Mais patience, bientôt l'on ne pourra plus jouer sur les mots avec le peuple ; car ce sera plus que des mots qu'il nous faudra, ce sera la réalisation des principes compris dans la trinité sainte : Liberté, Egalité, Fraternité !

En Italie, voyez ce qui se passe ; voyez ce très-haut pontife ayant commencé son règne spirituel par la reconnaissance de l'unité italienne et la promesse de l'affranchissement des peuples, qui, l'Evangile d'une main, le Christ de l'autre, avait promis du haut du Capitole au peuple italien en armes qu'il ne s'arrêterait dans sa croisade sacrée que lorsque l'indépendance des peuples serait garantie et l'union italienne proclamée. Voyez-le, refuser de donner satisfaction au peuple et retirer son programme sous l'inspiration de messieurs les Jésuites, ces nobles chevaliers de l'éteignoir, qui s'émeuvent de ce siècle de lumières...

De faiblesse en faiblesse, ce pape, dont les commencements furent si beaux, est descendu jusqu'à la lâcheté, car il n'a su trouver, lui, le pape, une parole d'anathème contre les bourreaux de Naples, de Messine, de Milan et de Vienne ; lui, qui jadis avait prêché l'humanité, il laisse commettre sans protester de toutes ses forces les plus horribles boucheries. Aussi, le peuple n'y a plus tenu, il lui fallait satisfaction de toutes ces belles promesses et en un jour glorieux il a renversé tous les obstacles et il a imposé sa volonté qui doit toujours être respectée. C'est alors, ô honte pour Février !.... République, voile ta face, car la honte pourrait te faire monter la rougeur au front !... C'est alors que la France envoie une armée pour faire rentrer dans l'ordre un peuple qui demande justice. Nous, républicains, nous allons écraser un peuple qui proclame la République ! Bravos ! mille fois bravos ! Vous allez bien ; mais craignez la justice du Peuple. Quand à nous, il nous reste un devoir à remplir, c'est de protester énergiquement dans nos réunions sociales, contre de pareilles iniquités, et

de crier d'une voix vibrante, afin que l'écho l'emporte jusqu'à eux : Vive les peuples d'Allemagne et d'Italie! ils
ont bien mérité de l'Humanité !

———

Le citoyen Dupas a lu un dialogue de Raspail :
La plume et le sabre. Le citoyen Pierre Dupont a fait
entendre son beau chant des *Travailleurs.* Le citoyen Porte a chanté cette marche socialiste :

———

DROIT AU TRAVAIL.

—

MARCHE DES SOCIALISTES.

—

AIR : *Du Peuple à ses représentants* (Henrion).

Refrain
en chœur.
> Guerre aux abus ! à bas les priviléges !
> Proclamons tous la sainte Egalité,
> Plus de bâillons, plus de lois sacriléges,
> Les rois sont morts ! Vive la Liberté !...

Marchons, enfants, déployons nos bannières,
Poussons ce cri, qui part de tous les cœurs :
Plus de tyrans! plus d'ignobles barrières!
Plus de vaincus exploïtant les vainqueurs!...
Droit au travail, respect à la famille,
Au pain de tous que nul n'ait triple part!
Fraternité! que notre accord qui brille
Soit ton symbole et ton noble rempart!

Guerre aux abus, etc.

C'est trop longtemps dormir dans l'ignorance,
Eclairons-nous, tuteurs du genre humain,
Les fils aînés du grand peuple de France
A leurs cadets ouvriront le chemin.
Aveugles-sourds, dont les sanglantes listes
Votaient naguère et l'exil et la mort;
Quand vous sombrez, nous, les socialistes!
Nous accourons pour vous conduire au port!...

Guerre aux abus, etc.

Rapprochons-nous, plus de partis contraires,
Rénovateurs, sauvons l'Humanité
En répétant : Tous les hommes sont frères,
Le Christ est mort prêchant l'Egalité ;
Imitez-le : suivez ce noble exemple,
Froids réacteurs qui conspirez tout bas,
Du Rédempteur l'œil d'amour vous contemple,
Venez à nous ! nous vous tendons les bras...

     Guerre aux abus, etc.

Vers le progrès marchons pleins d'espérance,
Serrons nos rangs, soldats de l'avenir,
Pour le bonheur de notre belle France,
Noyons les torts d'un sanglant souvenir ;
Un jour plus pur dans nos cœurs vient d'éclore,
Nous révélant la Solidarité,
Ah ! que les feux d'une éternelle aurore
Baignent son front ceint d'immortalité ! ! !

     Guerre aux abus, etc.

Et vous aussi, nobles sœurs de nos âmes,
Communiez avec nos sentiments ;
Puisez en nous les héroïques flammes
Pour les transmettre un jour à nos enfants ;
Anges gardiens, qui plaignez nos misères,
Dans les sentiers du terrestre séjour,
En inspirant nos voix libres et fières,
Pour la patrie enflammez notre amour.

     Guerre aux abus, etc.

Egalité ! ta dévorante flamme
Féconde en nous la force et la bonté,
De jour en jour tu grandis dans notre âme,
Et l'univers admire ta beauté ;
Fille du ciel, que tes nobles étreintes
En citoyens changent les oppresseurs ;
Plus de baillons pour étouffer les plaintes,
Plus de tyrans pour énerver les cœurs.

     Guerre aux abus, etc.

***

Après le chant, un délégué des cuisiniers associés est venu avertir le président, qu'un autre Banquet devait avoir lieu à l'heure même, dans la même salle;

le citoyen Salières a fait part de l'incident aux invités et a levée la séance, en promettant que les autres pièces qui ne pouvaient être prononcées, seraient dans le compte-rendu.

PIÈCES QUI N'ONT PAS ÉTÉ LUES.

Toast du citoyen GIBOT, ouvrier charpentier :

A la transformation sociale !

Citoyens, je dis à la transformation sociale, parce qu'en présence d'un vieux monde qui s'écroule, et d'une société anormale qui ne peut garantir l'existence à tous ses membres, il y a autre chose à faire qu'à suivre l'ornière du passé.

Citoyens, à dater de la Révolution de février, une ère nouvelle a commencé pour nous, ère qui a pour but l'affranchissement humain et pour résultat l'égalité réelle ; cette égalité a été trop longtemps entravée par ces ligues terribles et immondes en même temps qu'occultes, imposant à la crédulité publique le sophisme le plus éhonté, cachet meurtrier de leurs criminels desseins. Tous ces complices des crimes, que dix-huit siècles nous ont montrés,... tous ces coupables du sang qui coule à grands flots à travers les préjugés dont ils se servirent pour élever un abattoir perpétuel à l'humanité, doivent disparaître.

Tant de siècles de bassesses et d'infamies ont enfin prouvé quels étaient ces congrès indissolubles par leurs homicides actions. Nous n'attendons plus pour les démasquer à la face de l'univers, que le grand jour, annonçant d'un pas ferme et inébranlable, le gigantesque messie qui doit arriver. Ce messie c'est le dix-neuvième siècle qui apparaît avec une voix pareille à l'ouragan. Il vient présider au milieu de son âge ; il vient prêcher la résurrection universelle de tous les *parias* de la terre, qui, jusqu'à présent ont gémi sous le joug anti-fraternel et anti-moral de ces *Attila* politiques et industriels qui osent nous traiter de barbares, eux qui, naguére encore sous prétexte de sauver la société, s'organisèrent en bataillons homicides et essayèrent une dernière lutte d'extermination contre la partie militante de la civilisations, du socialisme, en un mot, qu'ils crurent avoir définitivement vaincu.

Citoyens, ne croyez pas que le socialisme eut pour cela succombé dans la lutte; car, pour qu'il en soit ainsi, il faudrait supposer que la vérité n'est pas accessible à tous les hommes.

Si quelquefois la vérité succombe temporairement sous la pression sauvage du droit du plus fort, ce n'est, comme les rayons bienfaisants du soleil après l'orage, que pour la rendre plus belle et plus radieuse.

Et comment en serait-il autrement? Est-ce que le socialisme n'a pas pour mission de prévenir tous les crimes, au lieu de les punir? Le socialisme, citoyens, est la transformation de la vieille société, basée sur l'égoisme, en une société de frères basée sur l'égalité; le socialisme est seul capable de satisfaire complètement les besoins physiques, moraux et intellectuels de tous les hommes, en établissant entre eux la solidarité; le socialisme, en un mot, est la réalisation pleine et entière des trois grands principes : Egalité, Liberté, Fraternité, pour lesquels nous devons toujours être prêts à nous offrir en holocauste, plutôt que de supporter plus longtemps l'exploitation honteuse des parasites du genre humain... Le socialisme, en un mot, est la transformation sociale.

Citoyens, à la transformation sociale !

LA FIN D'UN PROLETAIRE.

RÉCIT DE PRISON.

Fils de ces parias que Mammon s'approprie,
Longtemps je fécondai le champ de l'industrie,
Et poussai du progrès le beau char triomphal.

Echauffant mon courage au foyer d'idéal
D'un futur âge d'or, je vis d'un œil stoïque
Naître mon fier rival, cet agent métallique,
Difforme producteur aux entrailles de fer,
Qui se roule à l'instar des serpents de l'enfer.
Quand son activité, par le mal asservie,
Visant à me rayer du livre de la vie,

Aux champs industriels pénétra mon sentier,
Ferme en mes sentiments je changeai de métier.

Mais quand la concurrence ouvrit l'immense arène
Aux intérêts divers que l'égoïsme entraîne,
Et que le dieu de l'or, ivre de sang humain,
Fit jaillir la vapeur de cent bouches d'airain ;
Alors que, devenu maître de la galère,
Où s'exerce et gémit la race prolétaire,
Le digne capital, assis au gouvernail,
Annexa l'esclavage à la loi du travail,
Et que, pour augmenter son funeste pécule,
Un avide exploiteur, nous courbant sans scrupule
Sous le joug du labeur douloureux et sans fin,
Changea les producteurs en forçats de la faim ;
Délaissant le flambeau dont l'être s'illumine,
Je me rendis égal au monstre de l'usine ;
Je me précipitai dans le gouffre béant,
D'une inégale lutte avec ce froid géant.
Je sacrifiai tout à l'écorce physique,
Et quand le paria, pris d'un beau feu bellique,
Leva ses étendards et convoqua son ban
Pour arracher le monde au sceptre de Satan,
Et qu'il compta sur moi dans ses plans de réforme,
Je n'avais déjà plus rien d'humain que la forme.

  . . . .

Or, les ans chaque jour s'amoncelaient sur moi ;
Bientôt je dus payer à la commune loi
Le tribut douloureux des souffrances de l'âge ;
Ayant disséminé ma force et mon courage
Sur les matériaux par mes mains transformés,
Les antres du travail me furent tous fermés.

Et mon âme engourdie, aspirant la lumière,
Soulevant tout à coup son linceuil de poussière,
Sous ce choc violent de l'inégalité,
Du lien social creusa l'iniquité.

Alors, autour de moi, je vis organisée
Cette guerre à l'œil froid, sourde, civilisée,
Et plus ardente encore et plus ivre de sang
Que celle de la foudre et de l'épée au flanc.

« Veux-tu vivre, vieillard ? affronte la mêlée,
Répondait-on partout à ma voix désolée ;
Tu réclames en vain quelque protection.
Un tissu dont la trame est la répression,

Voilà nos lois... Il faut que chacun s'y soumette,
Sois donc donc actif ; sinon point d'abri pour ta tête
Et tu supporteras les douleurs de la faim,
Et tes jours, sans travail, seront sans lendemain. »

Je ne suis pas savant ; mais dans ce divin livre
Qui s'ouvre en notre cœur, je lisais : *Tu dois vivre...*
Jette le déshonneur à l'inégalité...
Dans tous les carrefours de la vaste cité,
Va réclamer ce droit de toute créature
Au splendide banquet de la riche nature,
Et que tes cris perçants réveillent nos Crésus,
Sous le socle ébranlé de l'idole aux abus.

N'écoutant que mon cœur, je tendis ma main rude
Sous ce pesant manteau de la décrépitude
Qu'avaient jeté sur moi l'âge et de longs soucis,
Enfin, je mendiai ; mais, sur ma borne assis,
Je maudis la richesse et repoussai l'aumône
Des maîtres glorieux de notre Babylone ;
Et lorsqu'un prolétaire, en me prenant la main,
Du travail avec moi venait rompre le pain,
Je lui disais : Ami, quand viendra la vieillesse,
Alors que ces ingrats, qui causent ma détresse,
Avisant que ton corps n'est plus si vigoureux,
Te jetteront aussi sur le pavé fangeux,
Porte donc comme moi noblement ton front pâle,
Afin qu'en l'avenir la grande capitale
Ne rappelle un effort de son cerveau fécond,
Sans qu'un rouge vengeur ne colore son front.
Il faut qu'il lui soit dit que mère imprévoyante,
Elle se fit un jour la servile intendante
De frivoles plaisirs, d'ignobles passions,
Quand ses enfants mouraient dans les privations.

Enfin, l'on m'arrêta... le guet faisant sa ronde,
Ramassa le vieillard comme un objet immonde.

L'homme des temps nouveaux, mu par l'Égalité,
Sous mon sordide habit verrait l'Humanité,
Mais partout où Mammon étale son vain faste,
Son vil adorateur, plein de l'esprit de caste,
S'estime au taux de l'or, au degré du carat.
Pour lui, l'atelier saint du prolétariat
N'est qu'un cloaque humain où l'on tient enfermée
Dans sa corruption une fange animée
Qui mine les piliers des grandes nations.

Et moi, j'étais sorti pour montrer mes haillons
Et mon pâle visage aux heureux de la terre,
Quand le flot des archers, qui toujours nous enserre
Sous les arceaux profonds de la société,
Vint soudain me ravir l'air de la liberté.

Auguste SALIÈRES.

LES GLANDS ET LES POTS.

FABLE.

Un jour, un homme des plus sots,
Dans des vases étroits, vulgairement des pots,
Sema les fruits d'un vaste chêne,
L'honneur de la forêt prochaine.
Il faisait, à part soi, ce beau raisonnement :
« Si les plus tendres fleurs y viennent sans obstacle,
« Quelques arbres aussi, ce n'est pas un miracle,
« Y grandiront, assurément. »
Qu'arrive-t-il ? Bientôt, faute d'air et d'espace,
La moitié sèche et meurt, le reste dépérit ;
Le plus haut chêne ne dépasse
Le plus humble rosier, qui près de là fleurit.
Un seul, favorisé par sa forte nature,
Fait éclater le vase, impuissante ceinture,
Et, plus tard, jusqu'aux cieux, s'élance triomphant.

Trop souvent, parmi nous, on élève l'enfant
Dans une sphère étroite, en un cercle étouffant.
A se développer comme la tige est lente !
On perd, dans sa prison, la force et la beauté !
Au corps, à l'âme, au cœur, ainsi qu'à toute plante,
Frères, il faut l'espace, il faut la liberté.

Pierre LACHAMBAUDIE.

Toast du citoyen BOUVIER, artiste peintre :

Aux arts et aux sciences !

Parmi toutes les accusations que l'ignorance et la mauvaise foi jettent au socialisme, est celle de détrôner les sciences et les arts, ces guides de la civilisation.

Devant la raison, dire qu'un jour, les sciences et les arts pourront être anéantis, est un non-sens aussi grand que la possibilité de vivre sans tête et sans âme.

Pour être apte aux sciences et aux arts, que faut-il ? de

l'instruction; et qui l'appelle avec plus d'instance, cette instruction, si ce n'est nous prolétaires socialistes que l'ignorance a toujours livrés à l'exploitation.

Quelques génies, qu'une grande volonté et d'extrêmement rares circonstances ont favorisé, ont pu seuls concourir aux développements des arts et des sciences.

C'est avec ce que veulent les partisans du passé, que les sciences pourraient être stationnaires; mais il est dans leur nature de progresser, et ces retardataires de la civilisation seront entraînés, comme nous, vers les brillantes destinées de l'avenir. Nous appelons l'égalité, et le vieux monde s'effraie; il nous calomnie. Nous voulons, disent-ils, détruire les arts et les sciences; mais c'est un blasphème dont le plus ignorant comprendra l'imposture. Le vieux monde, sentant le vide de ses prétentions aristocratiques, voudrait peut-être se servir de ses divinités et en refaire une nouvelle aristocratie; mais il ne peut et ne doit plus y en avoir.

Crions donc, Citoyens : Les Arts pour tous! la Science pour tous!

En un mot,

Aux Arts et aux Sciences!

Toast du citoyen DEBOCK, ouvrier typographe :
Aux socialistes!

A ces sentinelles avancées qui éclairent l'humanité en lui signalant les écueils contre lesquels elle pourrait se heurter dans sa marche triomphale dans la voie du progrès !

A ces nouveaux apôtres, qui, comme les anciens, s'en vont, accablés de calomnies et de persécutions de tous genres, prêcher la bonne nouvelle, la parole de vie et d'avenir aux déshérités des richesses que la nature prodigue à tous ses enfants indistinctement.

A tous ceux, enfin, qui travaillent dans la mesure de leurs forces au triomphe des principes socialistes ! Honneur à eux ! car ils comprennent que l'on ne doit rien attendre des partisans exclusifs de la politique et des adorateurs du passé.

Citoyens, tous les gouvernements qui se sont succédés

jusqu'à nos jours, négligeant le fond pour la forme, ne se sont occupés que de questions politiques; qu'ont-ils produit ?—L'esclavage et la misère ! Et il se trouve des êtres sans cœur et sans foi, des monstres qui prétendent que telles doivent être les conditions normales d'une société bien organisée. Et qui sont-ils ces êtres dénaturés ! Ce sont ceux qui vivent de l'exploitation de l'homme par l'homme, qui s'engraissent des larmes et de la sueur du peuple, qui spéculent sur sa misère ! Ce sont les pharisiens modernés, les descendants de ceux qui firent boire la ciguë à Socrate, qui crucifièrent le fils du charpentier, qui jetèrent Campanella en prison, qui furent les bourreaux de nos pères de la grande époque révolutionnaire; ce sont ceux qui croient avoir tué le socialisme, parce qu'il sont parvenus à jeter ceux qui le réprésentent, les uns sur la terre d'exil, les autres au donjon de Vincennes.

Qu'ils se désillusionnent, ces eunuques politiques ; on ne tue point ainsi un principe... un principe, on ne le vainct que par un autre principe supérieur.

Qu'ils sachent donc, ces *modérés* qui voudraient noyer le socialisme dans le sang de ses défenseurs, qu'ils sachent que si le christianisme a fait des progrès aussi rapides; si l'arbre de la fraternité a tant grandi, c'est parce que son sol a été arrosé du sang de ses martyrs !...

Au socialisme seul appartient de faire entrer l'humanité dans une ère de fraternité et d'égalité pratiques, et de réaliser sur la terre ce que le Christ appelait le règne de Dieu.

Aux socialistes !

Toast du citoyen DELCLERGUE, homme de lettres :

A la liberté de la presse.

Citoyens, la presse, c'est ce foyer d'ardentes lumières, dont les rayons divergent de toutes parts pour éclairer le monde dans la route du progrès et de l'émancipation. Arrêter l'expansion vivifiante de la presse, ce serait éteindre le flambeau du jour et plonger les hommes dans la nuit. La presse, à qui l'on ravit la moitié de ses droits et de sa liberté, ressemble à une personne qui a perdu une jambe et un œil. C'est la presse qui couve et enfante les révolutions, et rétablit l'équilibre parmi les hommes, lorsque le despotisme l'y avait détruit : c'est la presse qui abolira ces odieux priviléges dont les uns s'engraissent pour laisser les autres mourir de faim ; c'est la presse qui doit rayer de nos lois la dernière forme de l'esclavage : le prolétariat. Sachons donc, dans ce banquet socialiste, consacrer l'usage de toutes nos forces à la défense de la presse, dont la liberté complète doit purger la société de son vieil égoïsme et assurer à jamais le triomphe de nos trois principes les plus sacrés : Liberté, Egalité, Fraternité. Protestons tous avec un calme énergique contre les entreprises de ces ambitieux politiques qui, après avoir renié leurs premières doctrines, osent opprimer la presse pour mieux exploiter la République à leur seul profit, et disons-leur : Retirez-vous, et gardez-vous bien de pousser la témérité jusqu'à empêcher le soleil de monter chaque matin à l'horizon. C'est vainement que vous menacez les révolutionnaires et suspendez nos journaux ! Le Socialisme, puissant comme les flots de l'Océan, se jouera bientôt des digues que vous lui opposez, et débordera tous ses ennemis par la force de son impulsion inévitable.

Vive la liberté de la presse !

NOTES DU TOAST DU CITOYEN BLANQUI.

(1) Voici quelques pièces justificatives qui classent, sous le rapport des parties, les deux armées aux prises dans la bataille de juin.

1° Parmi les personnes décorées ou mentionnées pour leur dévouement à la cause de l'ordre, pendant le combat, on remarque : les généraux Piré ; Moline de Saint-Yon, ministre, collègue de M. Guizot ; Gourgaud, aide-de camp et ami intime de Louis-Philippe ; Saint-Simon, tous partisans dévoués de l'ex-roi ; le général de Girardin ; le général Lauriston ; le général de Ségur ; le colonel de Montigny, légitimistes ; MM, de Kerhoan ; de Kergariou ; de Flechelle ; de Saint-Céran ; de Fitz-James ; Gérard de Cessac ; Hutteau d'Origny ; de Forbin ; de Saint-Simon ; de Fourmont ; Tarbé des Sablons ; de Lacressonnière ; de Biron ; de Chabannes, de Jumillac ; de Magnoncourt ; de Lignerolles ;

de Louvencour; de France; Stanislas de La Rochefoucauld; Sosthène de La Rochefoucauld, ami intime de Charles X.; Gauthier de Senetz; de Villequier père et fils; de Flamarens; de Flavigny, ex-pair de France; de Polignac, légitimistes de la vieille noblesse; MM. de Montesquiou-Fezensac, chevalier d'honneur de la reine Amélie; le capitaine Gourgaud; d'Andiffret; de la famille Decazes, etc., etc. Les 99 centièmes des autres noms insérits sur ces listes de décorés et de mentionnés appartiennent notoirement aux opinions légitimistes ou philippistes les plus extrêmes.

2° Les congrégations jésuitiques ont pris une part active à la lutte dans les rangs du pouvoir et ont perdu plusieurs membres : M. Armand de Méritens, etc.

3° Le *Moniteur* annonce lui-même que les campagnes de la Bretagne et de la Vendée se levaient, leurs prêtres en tête, pour marcher sur Paris, au secours de l'ordre.

4° Toutes les gardes nationales des départements ont été réunies et amenées à Paris soit par des nobles carlistes, soit par des partisans prononcés de M. Guizot.

MM. de Mortimart et de Luynes ont amené celles de Seine-et-Oise; le prince de Chalais, le comte de Salaberry, celles de Loir-et-Cher; M. d'Haussonville, celles de Seine-et-Marne. Voici les paroles de M. d'Haussonville, l'un des complices de la majorité Guizot : « J'ai fini par emmener l'état-major de la « garde nationale, *les gardes-chasses*, les anciens militaires, « en tout 1,200 hommes, etc. »

M. Chambert, notaire carliste, a conduit la garde nationale de Tours.

4° Les rapports des préfets et des procureurs généraux, insérés dans les volumes de l'enquête, sont unanimes pour dire que les royalistes des deux branches se sont levés comme un seul homme pour *défendre la société et la civilisation*, et que les patriotes penchaient au contraire pour les insurgés. Je cite quelques extraits.

Rapport de l'avocat-général d'Angers : « ... Les jeunes gens « connus pour appartenir au parti légitimiste se sont signalés « parmi les plus empressés dans les rangs des volontaires, soit « parce que, *hommes de loisir*, ils trouvaient moins d'obstacles « pour un départ précipité, soit parce que, *riches*, ils avaient « un sentiment plus vif du danger, etc.

« ... En regard de cette unanimité entre les *citoyens honnêtes*, la correspondance des parquets signalait, de la part « d'un grand nombre d'ouvriers soumis à l'influence des clubs « démagogiques, une agitation extrême, des sympathies ouver-« tement exprimées pour la cause de l'insurrection, etc. »

Il résulte de ce langage que les *riches* et les *hommes de loisir* sont *les citoyens honnêtes*, et que les ouvriers, par opposition, doivent évidemment être le contraire.

Rapport du procureur général de Bordeaux : « ... Le besoin « de sauver la société menacée a réuni sous la bannière de l'ordre « *les honnêtes gens de tous les partis...*

« ... Les organes de l'ancienne presse conservatrice sentent la « nécessité de se rallier au pouvoir. »

Rapport de M. Mater, le bras droit de M. Guizot, le président de la cour royale de Bourges, qui a condamné à mort les malheureux de Buzançais : « ... Les anciens légitimistes, *les* « *constitutionnels*, ceux qui avaient soutenu le gouvernement « déchu, se groupaient pour voler au secours de l'ordre. »

Rapport du procureur général de Caen : « ... Les légitimistes « et les orléanistes n'ont point favorisé l'insurrection ; au con-« traire, ils ont montré une grande ardeur pour engager les « gardes nationaux à aller combattre les insurgés. Toutefois, ils « expliquaient avec grand soin *que ce n'était point pour la Ré-« publique* qu'ils agissaient ainsi, mais uniquement pour le main-« tien de l'ordre... »

Rapport du préfet du Gard : « ... Je réunis à l'hôtel de la « préfecture les autorités militaires, la commission exécutive, « le président de la cour d'appel, quelques citoyens des plus « influents..., et il demeure convenu que si l'insurrection l'em-« portait à Paris, nous proclamerions l'Assemblée nationale, « en quelque lieu qu'elle jugeât convenable de se retirer ; que « nous *écraserions* les protestants, s'ils se ralliaient aux insur-« gés, et que nous *ferions appel aux populations du Midi.*

« ... On nous présentera peut-être les *protestants* de Nîmes « comme les *vrais républicains*, les *catholiques* comme *des car-« listes...* Ce que j'ai vu et bien vu, c'est la population protes-« tante mettant tout son espoir dans le triomphe de l'insurrec-« tion à Paris, tandis que la population catholique se groupait « autour de moi et s'offrait à mourir à mes côtés pour l'Assem-« blée nationale et la cause de l'ordre. »

Ce naïf rapport du préfet du Gard est le plus grave de tous, le plus significatif : « On dira peut-être que les protestants sont « les *républicains* et les catholiques des *carlistes!!* »

Le bon préfet n'essaie pas de dire le contraire, mais il raconte comment ces protestants sont tous pour l'insurrection et les catholiques tous pour l'Assemblée.

S'il y a un fait connu au monde, c'est que la population protestante de Nîmes est depuis soixante ans aussi dévouée à la cause libérale que les catholiques le sont à la contre-révolution. Le préfet du Gard offre à l'Assemblée nationale le concours enthousiaste des descendants et héritiers des Truphèmes et des Trestaillons. C'est édifiant.

Rapport du préfet de Maine-et-Loire. « ... *Légitimistes e* « *juste-milieu* se sont *cordialement ralliés* dans cette occur-« rence contre l'attaque sauvage qui menaçait la civilisation « française... »

On remarquera que ces légitimistes et philippistes prétendent tous défendre l'ordre, la société, la civilisation. C'est une cause magnifique à soutenir sans nul doute que celle de la civilisation et de la société, mais il est bon d'observer que le vocabulaire de ces messieurs est exactement celui du parti vainqueur en juin 1832, en avril 1834, en mai 1839. Il n'y a pas un mot de changé; sa phrase sacramentelle est la même; le personnel des sauveurs est le même aussi : il y a identité parfaite sous les deux rapports ; leulement ces sauveurs de la société, qui étaient alors les sauveurs de la monarchie, sont aujourd'hui les sauveurs de la République. Quant aux *sauvages ennemis de la civilisation*, aujourd'hui comme il y a dix ou quinze ans, ce sont aussi très-exactement les mêmes hommes; ils étaient alors républicains. Quels sont aujourd'hui les républicains d'eux ou de leurs adversaires ?

FIN.

Imprimerie de Eoouard Bautruche, rue de la Harpe, 90.